EL PRINCIPIO DE LOS

camellos BEBÉS

KIM THOMPSON

CREATIVE EDUCATION • CREATIVE PAPERBACKS

CONT

ENIDO

SOY UNA CRÍA.

Soy un camello bebé.

No tengo joroba. Crecerá más adelante.

Nací con los ojos abiertos. Pude correr cuando tenía solo unas pocas horas de vida.

Mi mamá me cuida.
Me da su leche.
Vivimos en un grupo
de camellos llamado
caravana.

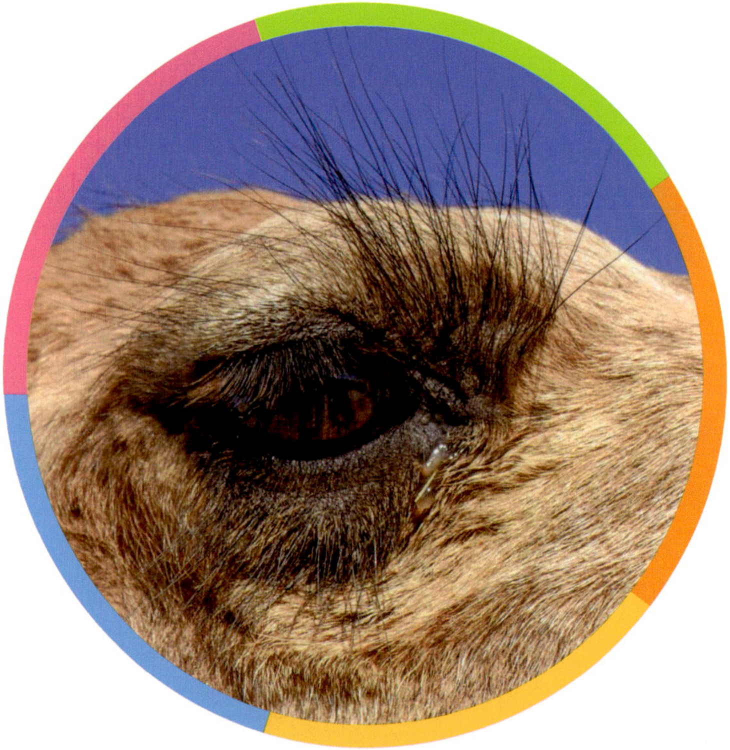

Vivo en el desierto. Mis pestañas largas me protegen los ojos del sol.

Puedo cerrar las fosas nasales para evitar que entre arena.

Me crece la joroba. Almacena grasa.

Mi joroba puede ayudarme a vivir durante muchos días sin comida ni agua.

¡Voy a crecer mucho! Me pondré tan alto como una puerta.

HABLA Y ESCUCHA

AAGH!

¿Puedes hablar como una cría?

Los camellos bebés lloran y gruñen.

Escucha estos sonidos:

https://www.youtube.com/watch?v=QPWSgQrfIlk

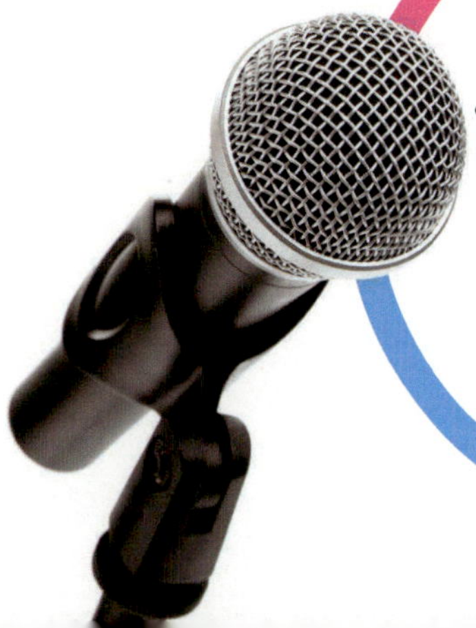

¡Ahora es tu turno!

PALABRAS DE CAMELLO

desierto: zona seca donde casi no crecen plantas porque no llueve mucho

fosas nasales: aberturas en la nariz que los animales usan para respirar

joroba: bulto en la espalda del camello que almacena grasa que puede usarse como alimento

pezuña: cubierta dura, parecida a una uña, de la pata de un camello, caballo u otro animal

ÍNDICE ALFABÉTICO

PUBLICADO POR CREATIVE EDUCATION Y CREATIVE PAPERBACKS
P.O. Box 227, Mankato, Minnesota 56002
Creative Education y Creative Paperbacks son sellos editoriales de The Creative Company
www.thecreativecompany.us

CATALOGING-IN-PUBLICATION DATA ESTÁ DISPONIBLE EN LIBRARY OF CONGRESS
LCCN: 2024053434
Library Binding ISBN: 9798889898528
Paperback ISBN: 9781682778920
eBook ISBN: 9798889899310

DISEÑO Y PRODUCCIÓN
Diseño por Rhea Magaro
Producción de Beeline Media and Design, Inc.
Dirección artística de Tom Morgan

FOTOGRAFÍAS de Alamy Stock Photo/Joerg Drescher, 2-3; Shutterstock/abubakar0023, 11, Andrey Bocharov, 10-11, Bohbeh, 13, Homo Cosmicos, 12, J.NATAYO, 4, KYRA DUSHI, 9, LeStudio, portada, Lotta Axing, 6-7, malangusha, 7, photomaster, 5, SERSOLL, 14, Stefano Ember, 8

Impreso en los Estados Unidos de América